RATTEN
KARLA PALOMA

avant-verlag

Ratten
ISBN: 978-3-96445-135-4

Text und Zeichnungen: Karla Paloma

© Karla Paloma, 2025
© für die deutsche Ausgabe, avant-verlag GmbH, 2025

Lektorat: Johann Ulrich
Korrekturen: Swea Varel, Stephan Pless
Lettering und Herstellung: Tinet Elmgren
Herausgeber: Johann Ulrich

Die Autorin im Netz: instagram.com/_karlapaloma_

Besten Dank für die Unterstützung an die Danish Arts Foundation und das Dänische Kulturministerium

avant-verlag GmbH | Weichselplatz 3-4 | 12045 Berlin
info@avant-verlag.de

Mehr Informationen & Leseproben online unter:
www.avant-verlag.de
instagram.com/avant_verlag

VERBRANNTES FLEISCH

5

RATTENHODEN

47

ANTI-BABY

115

VERBRANNTES FLEISCH

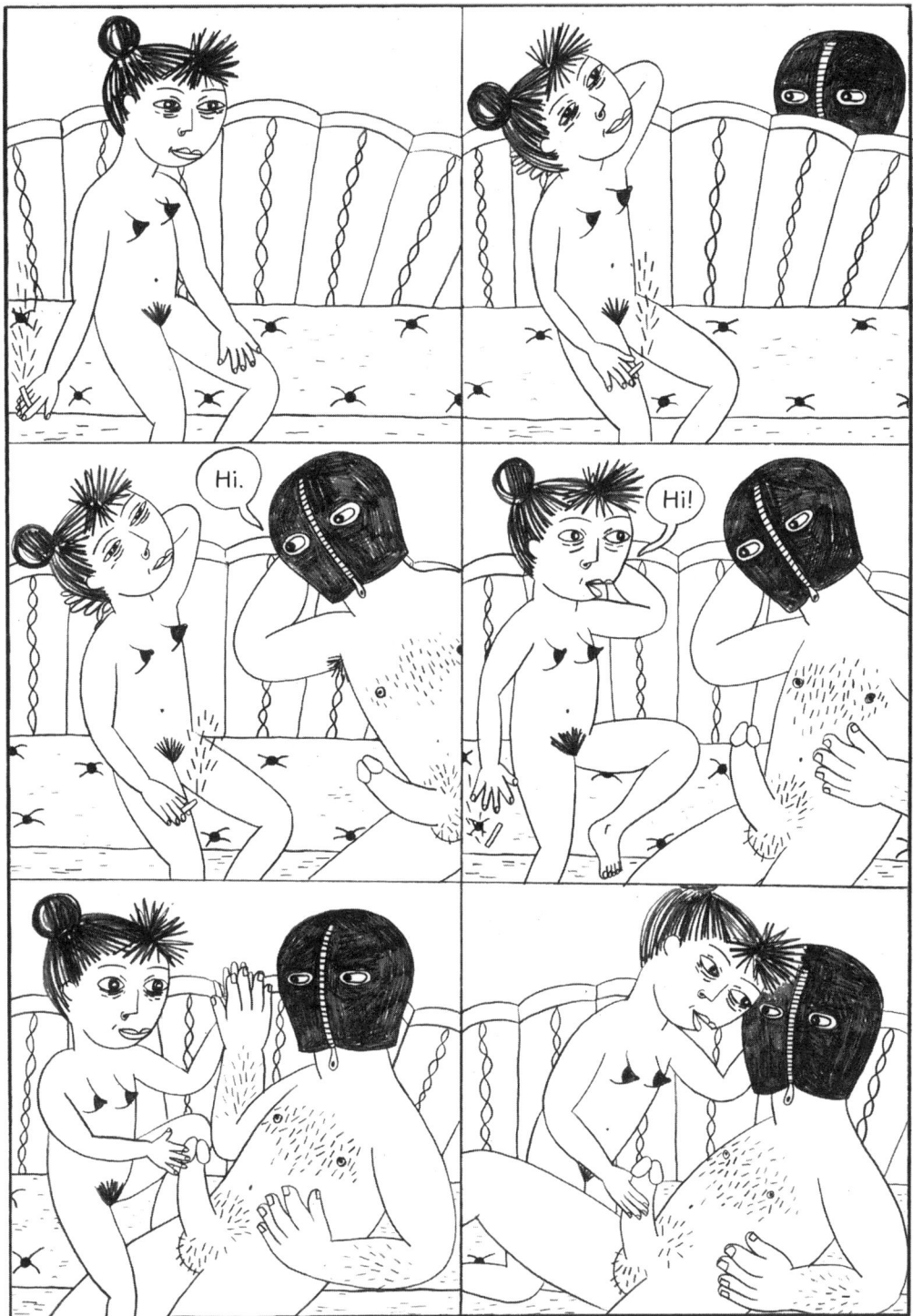

Herle ist nach einer Woche Genesung im Krankenhaus wieder zurück nach Kopenhagen. Sie hat ihrer Mutter nie von dem Vorfall erzählt.

Dexter sitzt wegen versuchter Kindstötung immer noch im Knast. Seine Entlassung wurde bis auf Weiteres verschoben.

Trotz allem macht Lilsky weiter ihr Ding, findet neue Freunde und versucht so viel Spaß wie möglich zu haben.

Karla lebt weiterhin in ihrer alten Kreuzberger Wohnung, wo sie als eine Art Selbsttherapie Comics zeichnet.

– Der eklige Mann vom Rewe arbeitet glücklicherweise nicht mehr dort.

RATTENHODEN

ANTI-BABY

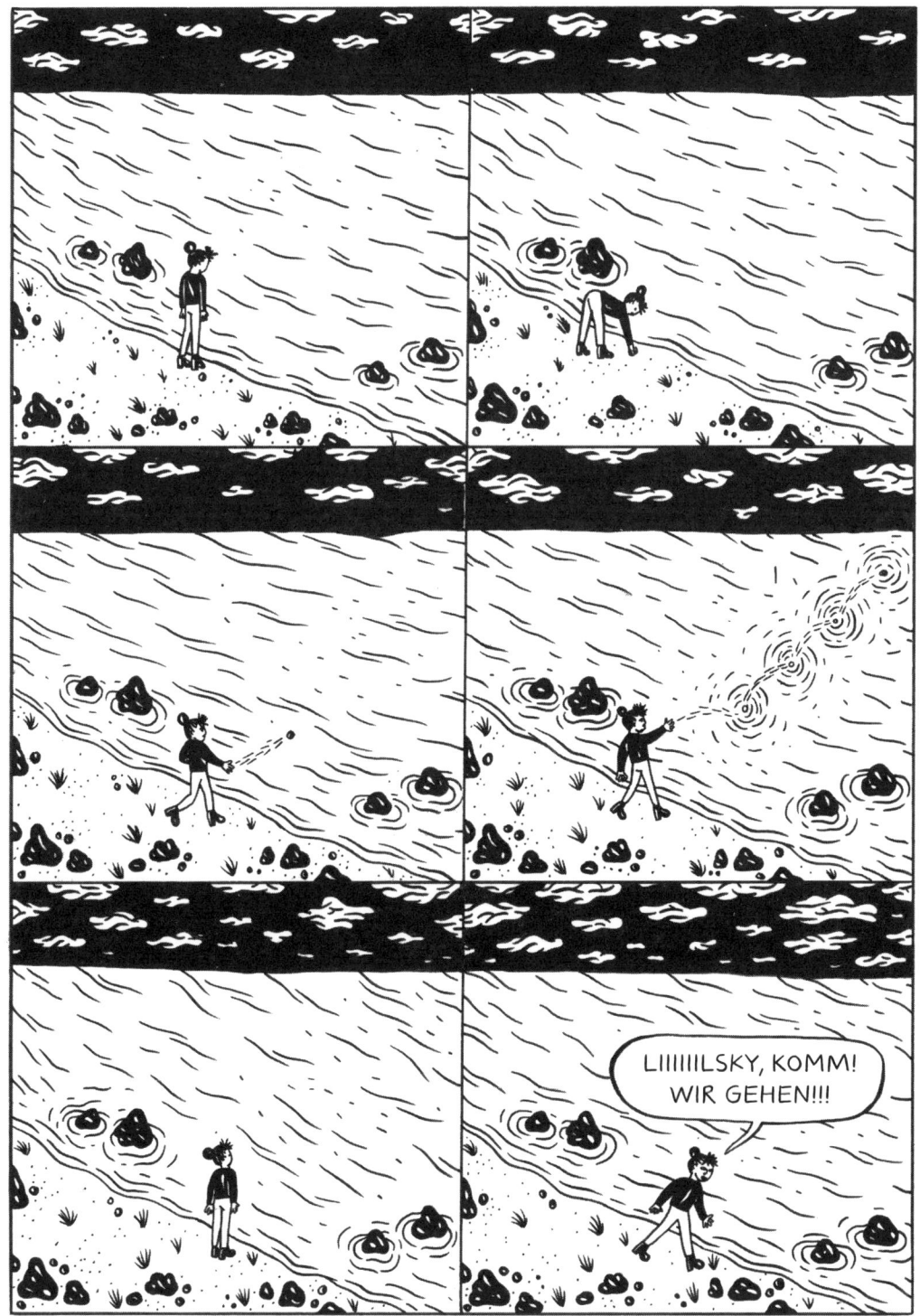

ENDE

Danke an meine Kreuzberg Trash Family: Ramonsky, Valentinsky, Francesco, Bue, meine kleine Hündin Lilsky und ihre Freunde Dexter und Mila, die jetzt im Hundehimmel abhängen. R.I.P.

Karla Paloma ist eine dänische Comiczeichnerin, die in Berlin lebt.

Sie macht nicht nur ihre eigenen Comics, sondern gibt auch die großartige Anthologie „Hairspray Magazine" heraus, die 2025 in Angoulême mit dem „Fauve de la Bande Desinée Alternative" ausgezeichnet wurde.